À Yves Prieuré et Folle Avoine
*qui ont accueilli
l'édition originale de ce texte.*

© 1993 Père Castor Flammarion
ISBN : 2-08-160862-6
Imprimé en Italie chez Vincenzo Bona, Turin - 10-1993
Flammarion et Cie, éditeur (N° 17511) - Dépôt légal : novembre 1993

Loi n° 49-956 du 16 juillet 1949 sur les publications destinées à la jeunesse

Andrée Chedid
La grammaire en fête

Illustrations de
Bruno Gibert

Père Castor
Flammarion

LA GRAMMAIRE EN FÊTE

entrée

La Grammaire
Oh, la Grammaire !
C'est comme tout
Ce qui vit sur terre !

Voyez les mots
Les petits, les gros :
Chacun son « Moi »,
Son « quant à soi »

Tantôt amis,
Tantôt ennemis.
Tantôt batailles,
Ou épousailles.
Tantôt amour,
Tantôt vautour.
Tantôt héros,
Tantôt zéro.
Toujours le même scénario !

Alors alors
Mes petites espiègles,
Sur ce chaos
Je trace des règles,
À tous ces mots
Je fais la loi.

Ne me traitez pas de rabat-joie,
Dansez, chantez et jouez-moi !

Allons
Sans pions
Sous les lampions !
Mieux vaut la fête,
Que le casse-tête !
Et la chanson,
Que le bâton !

L'Article

Le sexe des mots,
C'est mon article !
Affiche sans vergogne
L'Article.

Mais ma besogne
N'est pas finie :
Pluriel, singulier
Général, particulier
Je les ai tous
À ma merci !

L'Adjectif

*Corrosif
Ou laudatif*

L'Adjectif

*Orne le mot
D'un halo,
Ou le noircit
D'une perfidie.*

*Impératif
L'Adjectif
Se targue d'éblouir
Ou de ternir
Semant les fleurs
Ou la terreur
Selon l'humeur
Et les désirs !*

L'Adverbe

Je soutiens
Que le Verbe,

Cette girouette
Ce grand instable
Ce baladin !

Est de nous deux
Le plus verbeux,

Déclare l'Adverbe
Un peu Ascète
Très invariable
Et stoïcien.

La Tyrannie du Verbe

Superbe,
Le Verbe
Traite en pantin
Le sujet et son destin.

À mon commandement :
Hop ! Hop ! Hohé !
Tu vas
Tu subis
Ou tu es.

La Révolte du Sujet

Un jour, un jour,
Chante le Sujet
Je me tiendrai
Seul
Sur mes pieds.

Sans ordre
Sans Verbe
Et sans allié,

Dans un désordre
Illuminé !

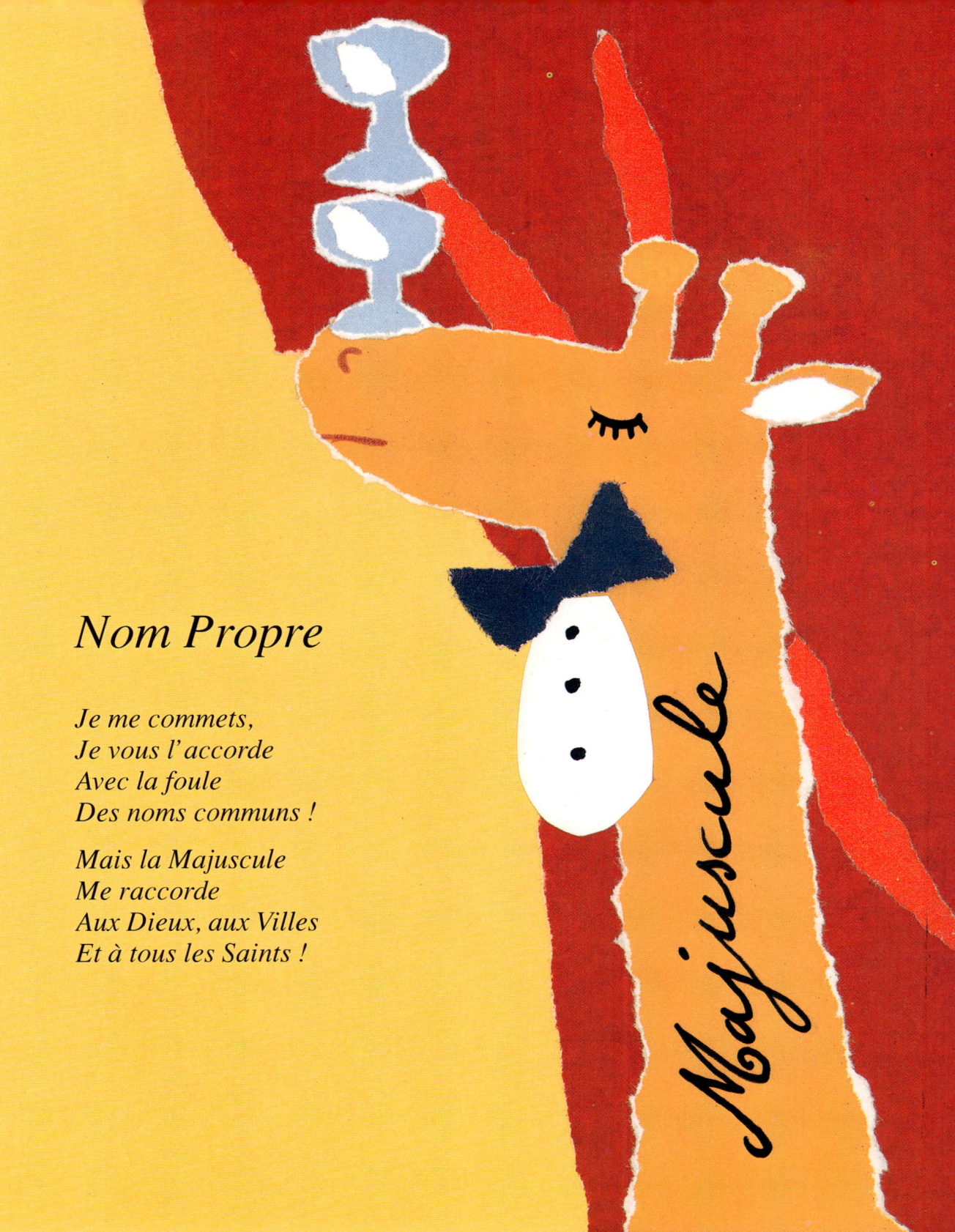

Nom Propre

Je me commets,
Je vous l'accorde
Avec la foule
Des noms communs !

Mais la Majuscule
Me raccorde
Aux Dieux, aux Villes
Et à tous les Saints !

Nom Commun

Commun, commun,
C'est vite dit !
Réplique le Nom
Fou de dépit.

À force, à force
De m'enfourcher,
Voilà qu'on me prend
Pour un baudet !

Pluriel

*La solitude
C'est pas pour moi !
Les multitudes
Voilà ma loi !*

*Tel quel
Je ne reposerai
Qu'ayant sacré
PLURIEL
Tous ces petits singuliers !*

Singulier

Toujours seul
Et singulier
Parfois j'en souffre
D'autres fois ça me plaît !

Si le pluriel
Bourré de zèle
avec ses x
Avec ses s

Me mixe me fixe
Me presse m'agresse
Je fais des mains
Je fais des pieds
Pour retrouver ma liberté :

Sans x
Sans s
Tout Singulier !

Préposition

*De part et d'autre,
Les voici :
Un mot de là,
Un mot de ci,
Marionnettes ou zombies.
Un mot de ci
Un mot de là,
Se regardant comme chien et chat.*

*J'entre en action,
Je régente :
« Préposition »,
Je me présente.*

*Alors alors
Messieurs, Mesdames,
J'assemble ces petits esseulés,
Je les relie
Les amalgame,
Je les unis
Sans cris, ni drame.*

*Toujours zélée
Toujours musclée,
Un mot de ci,
Un mot de là,
Sans emphase
Sans falbalas :
Je crée la phrase
Et houplala !*

*Je vous fais grâce
De mes vertus,
Pleine d'audace
Et court-Vêtue :
Je vaux plus qu'un pesant d'écus !*

Conjonction

Se louangeant sans restriction,
« Commère Préposition »
Ayant gagné vos ovations !
Je me lève
Et serai brève.
Sans morgue, ni glose,
Je m'expose :
« Dame Conjonction »
Pour vous servir !

Je fais l'union
Et la jonction.
Ayez le front
De m'applaudir !

L'Euphémisme

L'Euphémisme
Est une pommade
Qui recouvre les ruades
Les estocades
Les rebuffades
De nos vies
En enfilade.

Petit exemple
D'un coup de boutoir :
« T'es vieux, t'es vieille »,
Dit le miroir.
Mais l'Euphémisme
Onctueux :
« Tu n'es plus jeune… »
Voilà qui est mieux !

L'Euphémisme
Est une pommade
Qui recouvre les bousculades
Les brimades
Les bastonnades
De nos vies
En saccades.

Lolo, nono,
  Mama, topée !
    Un mot
      À vous rendre toqué !

Cui-cui
Chut-Chut
Boum-boum
Yé-yé

Voilà des O
NOMATOPÉE !

Lolo, nono,
Mama, topée !
Pourquoi vouloir
Tout compliquer !

Masculin-Féminin

Mon compère Masculin
Jouant au plus malin

Même de mon féminin
A fait un masculin !

Les Guillemets

Tel « castagnettes »,
Je cliquète.
Puis décrète
La taille du discours.

Cli-clac :
« Causez, devinez, jasez ! »
Clac-clic :
« Halte-là, stoppez, assez ! »

J'invite, je cite
Mais je limite :
« Chacun son tour ! »
Chacun son tour.

Les Parenthèses

On me traite « d'accessoire »,
De « digression »,
De « sens à part » !

Mais je l'affirme
Plein de sourires
« Sans diversion
Où est le plaisir ? »

Louange de l'Apostrophe

Oyez ! Oyez !
Fit l'Apostrophe.
On m'ajoute en catastrophe
Quant le mot manque d'étoffe !

C'est Moi le saint Christophe
De la strophe
De l'anti-strophe.

En un mot le théosophe :
J'illumine tout l'Alphabet !

Pavane de la Virgule

*Quant à Moi ! dit la Virgule,
J'articule et je module ;
Minuscule, mais je régule
Les mots qui s'emportaient !*

*J'ai la forme d'une Péninsule ;
À mon signe la phrase bascule.
Avec grâce je granule
Le moindre petit opuscule.*

*Quant au Point !
Cette tête de mule
Qui se prétend mon cousin !*

*Voyez comme il se coagule,
On dirait une pustule,
Au mieux : un grain de sarrasin.*

*Je le dis sans préambule :
Les poètes funambules
Qui, sans Moi, se véhiculent,
Finiront sans une notule
Au Grand Livre du Destin !*

Apothéose du Point

Foin, de tout ce qui n'est point le Point !
Dit le Point, devant témoins.
Sans Moi, tout n'est que baragouin !

Quant à la Virgule !
Animalcule, qui gesticule
Sans nul besoin,
Je lui réponds à brûle-pourpoint :
Qui stimule une Majuscule ?
Fait descendre les crépuscules ?
Qui jugule ? Qui férule ?
Fait que la phrase capitule ?
Qui ?

Si ce n'est :
Le Point !

Bref, toujours devant témoins :
Je postule et stipule
Qu'un Point c'est TOUT !
Dit le Point.

Éloge de l'Accent

Aigu
Grave
Ou circonflexe
Avec zèle
J'annexe
Par kyrielles
Les Voyelles !

A E I O U, mes Belles !
Je vous suis providentiel !

Je vous coiffe à tire-d'aile
Je vous gèle
Je vous flagelle
Je vous grêle
Je vous ombrelle !

U O I E A, Agnelles !
Rendez-vous à mes appels !

Aigu
Grave
Ou circonflexe
Je le répète sans complexe :
C'est l'Accent
Qui fait le Texte !

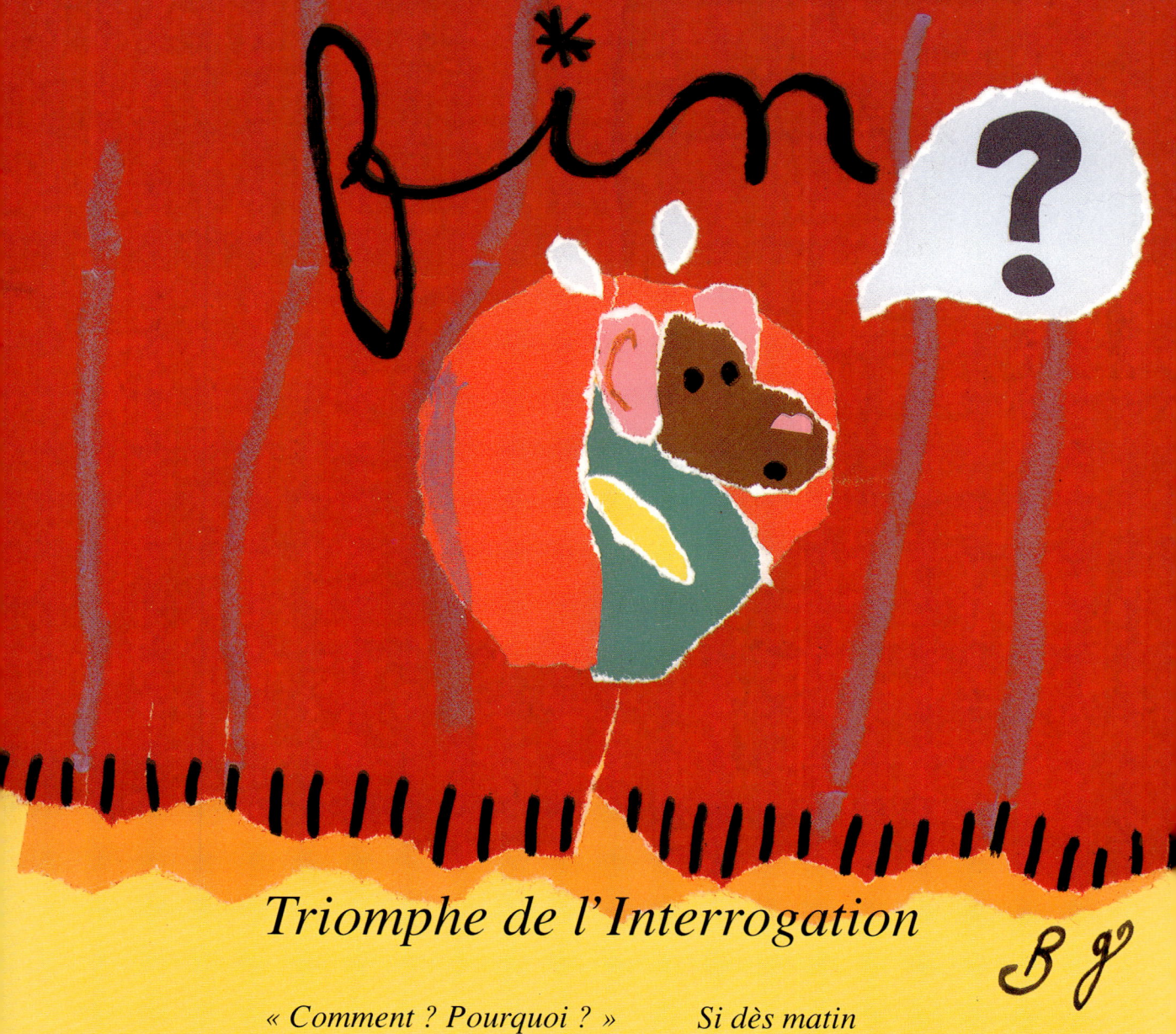

Triomphe de l'Interrogation

« Comment ? Pourquoi ? »
Ça, c'est tout « Moi » !

Où seriez-vous,
Mes frères humains ?
À quatre pattes
Et sans pénates,

Si dès matin
Je ne poussais :
À des « comment ? »
À des « pourquoi ? »
À des « qui suis-je ? »
À qui, que, quoi ?

    Pas d'ascension, sans dilemne !
    Sans problèmes, pas de solution !